essentials

essentials liefern aktuelles Wissen in konzentrierter Form. Die Essenz dessen, worauf es als „State-of-the-Art" in der gegenwärtigen Fachdiskussion oder in der Praxis ankommt. *essentials* informieren schnell, unkompliziert und verständlich

- als Einführung in ein aktuelles Thema aus Ihrem Fachgebiet
- als Einstieg in ein für Sie noch unbekanntes Themenfeld
- als Einblick, um zum Thema mitreden zu können

Die Bücher in elektronischer und gedruckter Form bringen das Expertenwissen von Springer-Fachautoren kompakt zur Darstellung. Sie sind besonders für die Nutzung als eBook auf Tablet-PCs, eBook-Readern und Smartphones geeignet. *essentials:* Wissensbausteine aus den Wirtschafts-, Sozial- und Geisteswissenschaften, aus Technik und Naturwissenschaften sowie aus Medizin, Psychologie und Gesundheitsberufen. Von renommierten Autoren aller Springer-Verlagsmarken.

Weitere Bände in der Reihe http://www.springer.com/series/13088

Florian Hettler · Stefan Luppold

Event-Catering in der Live Communication

Essen und Trinken als bedeutendes Veranstaltungselement

Florian Hettler
München, Deutschland

Stefan Luppold
BWL – Messe-, Kongress- und
Eventmanagement, Duale Hochschule
Baden-Württemberg, Ravensburg,
Deutschland

Ergänzendes Material zu diesem Buch finden Sie auf http://www.springer.com.

ISSN 2197-6708 ISSN 2197-6716 (electronic)
essentials
ISBN 978-3-658-27199-2 ISBN 978-3-658-27200-5 (eBook)
https://doi.org/10.1007/978-3-658-27200-5

Die Deutsche Nationalbibliothek verzeichnet diese Publikation in der Deutschen Nationalbibliografie; detaillierte bibliografische Daten sind im Internet über http://dnb.d-nb.de abrufbar.

Springer Gabler

Springer Gabler ist ein Imprint der eingetragenen Gesellschaft Springer Fachmedien Wiesbaden GmbH und ist ein Teil von Springer Nature
Die Anschrift der Gesellschaft ist: Abraham-Lincoln-Str. 46, 65189 Wiesbaden, Germany

Was Sie in diesem *essential* finden können

- Qualitative und quantitative Aspekte des Event-Caterings für ein Gesamtverständnis
- Fachbegriffe und relevante rechtliche Grundlagen
- Projektmanagement, Logistik, Dramaturgie und Kalkulation als Elemente von Event-Catering
- Trends und Entwicklungen
- Checklisten

Inhaltsverzeichnis

Über die Autoren

Florian Hettler ist seit 2005 Mitglied der Geschäftsleitung der Alois Dallmayr KG (Leiter Gastronomie & Catering) in München, wo er die Bereiche Eventcatering, Gastronomie, Küchenproduktion und Theatergastronomie verantwortet. Er steht für die unbedingte Serviceorientierung und die Qualitätsausrichtung seiner Bereiche.

Er hat nach Koch-, Patissier- und Serviceausbildung an der Ecole Hôtelière de Lausanne und an der Cornell University in Ithaca, New York studiert. Nach verschiedenen Engagements in Europa und Asien kehrte er Anfang der Neunzigerjahre nach Deutschland zurück.

Von 1992 bis 2005 war er in Berlin tätig. Im Grand Hotel Esplanade war er viele Jahre Hoteldirektor und bei der Käfer Berlin GmbH organisierte er als Geschäftsführer die Eröffnung der verschiedenen gastronomischen Betriebe im Reichstagsgebäude.

Prof. Stefan Luppold ist seit 2011 Professor an der staatlichen DHBW (Duale Hochschule Baden-Württemberg) Ravensburg; dort leitet er den Studiengang „BWL – Messe-, Kongress- und Eventmanagement". Zudem ist er Leiter des von ihm gegründeten Instituts für Messe-, Kongress- und Eventmanagement (IMKEM).

Von 2006 bis 2011 war er als Professor an der Karlshochschule International University, wo er den Studiengang „MEEC Management" (Meeting, Exposition, Event and Convention Management) verantwortete. Von 2007 bis 2013 lehrte er als Gastprofessor in Shanghai.

Zuvor war er fast zwei Jahrzehnte lang in internationale Projekte der MICE-Branche eingebunden, darunter bei Messe- und Kongressgesellschaften, Stadien und Arenen, Kultureinrichtungen sowie den Veranstaltungsabteilungen wissenschaftlicher Verbände und Event-Agenturen. Neben Skandinavien und Großbritannien, wo Prof. Luppold unter anderem mit dem Royal Opera House in London und dem Fußball-Club Manchester United arbeitete, war er für Kongresszentren in Südafrika und Sonderprojekte – wie etwa die Expo Hannover im Jahr 2000 – tätig.

Neben zahlreichen Publikationen ist Professor Luppold Mitherausgeber des 2017 veröffentlichten Standard-Werks „Praxishandbuch Kongress-, Tagungs- und Konferenzmanagement".

Vorbemerkung 1

Um dieses Buch richtig zu verstehen, muss der Begriff Event-Catering im Verständnis des Lesers dem der Autoren nahekommen. Catering als Element von Events – wo zu vermittelnde Kommunikationsbotschaften erlebbar gemacht werden – ist heute nicht mehr allein die Versorgung von Gästen mit Essen und Trinken, Serviceequipment und Service. Eventcatering ist vielmehr ein Teil des konzeptionellen Ansatzes der Live-Kommunikation. Dies erstreckt sich von Geburtstags- oder Hochzeitsfeiern bis hin zu Sportveranstaltungen, Produktpräsentationen, Verbands- und Unternehmenskonferenzen oder TV-Galas. Nachweislich bleibt den Gästen bei Veranstaltungen Essen und Trinken am besten in Erinnerung, ein nachhaltiges Erlebnis! Daher ist das Ziel, diese Erinnerung mit den Inhalten der Veranstaltung zu verknüpfen. Bei privaten Feiern gelingt dies eher, bei großen B2B-Events hingegen ist es die große Herausforderung.

Grundlage für gutes Event-Catering ist das Verständnis, wie eine Eventkonzeption entsteht. Da ist zunächst der Anlass oder Grund für eine Veranstaltung (Jubiläum, Hochzeit, Produktpräsentation, Preisverleihung etc.). Daraus folgt die wichtige Entscheidung, ob der Event mit oder ohne Unterstützung durch eine Eventagentur organisiert werden soll. Größere Events (gemeint sind hier Events mit 500 oder mehr Teilnehmern) werden häufig in Kooperation mit Agenturen durchgeführt. Nach Auswahl der Lead-Agentur erfolgt die Planungsphase mit Eventkonzeption und Recherche der passenden Location. Ist die Location gefunden, müssen die benötigten Dienstleiter (Künstler, Technik wie Licht und Ton, ggfls. Regie, Zeltbauer, o. ä.) ausgewählt werden. Schließlich werden Dekoration und Catering beauftragt. Das benötigte Non-Food Catering (Geschirr, Besteck, Gläser, Tresen etc.) wird gewöhnlich über den Event-Caterer gebucht. Sobald der Caterer ausgewählt und gegebenenfalls beauftragt wurde, sollte er in den konzeptionellen Prozess mit einbezogen werden; durch sein Experten-

© Springer Fachmedien Wiesbaden GmbH, ein Teil von Springer Nature 2019
F. Hettler und S. Luppold, *Event-Catering in der Live Communication*,
essentials, https://doi.org/10.1007/978-3-658-27200-5_1

wissen kann das Catering so gestaltet werden, dass es sich optimal in die Event-konzeption einfügt und damit zur Gesamtwirkung beiträgt. Inwieweit dies geschieht, ist immer von den handelnden Personen abhängig. Sehr häufig wird das Cateringteam nicht oder zu spät in diese Konzeptplanung mit einbezogen. Hierdurch wird die Chance vergeben, die ‚Message' der Veranstaltung auf verschiedenen Ebenen zu transportieren. Selbstverständlich kann man mit dem Catering nur bedingt Inhalte vermitteln, wo sich die Gelegenheit bietet, sollte man sie jedoch nutzen.

Grundlagen 2

▶ **Catering** (englisch: to cater ‚Lebensmittel liefern‘, ‚jemanden verpflegen‘) ist eine Bezeichnung für die professionelle Bereitstellung von Speisen und Getränken als Dienstleistung an einem beliebigen Ort.

Der Leistungsumfang des Caterers genannten Dienstleisters kann sich dabei von der Anlieferung der vorproduzierten Speisen bis zum Aufbau eines temporären Gastronomiebetriebs erstrecken.

Eine spezielle Form ist das Non-Food Caterings, mit dem die Vermietung von Ausstattungsgegenständen für ein Catering-Event beschrieben wird.

Die Versorgung von Kantinen, Schulen und Mensen gehört ebenfalls zum Catering, wird aber auch als Gemeinschaftsverpflegung bezeichnet.

Ausprägungen des Caterings
- Event-Catering (B2B und B2C)
- Messe-Catering
- Verkehrscatering (Airline, Zug)
- Sport- und Freizeitcatering
- Business Catering
- Care Catering – Gemeinschaftsverpflegung
  - Schulcatering
  - Krankenhauscatering
  - Mensen-/Kantinen-Catering

© Springer Fachmedien Wiesbaden GmbH, ein Teil von Springer Nature 2019
F. Hettler und S. Luppold, *Event-Catering in der Live Communication*,
essentials, https://doi.org/10.1007/978-3-658-27200-5_2

Organisationsmodelle

Es gibt verschiedene Organisationsmodelle von Event-Catering-Unternehmen; hierbei ist zu beachten, dass es die Organisationsformen in unterschiedlichen Ausprägungen, basierend auf diesen drei Grundmodellen gibt:

- Traditionell:
  - komplett eigenes Personal (Verkauf, Köche, Service, Logistik)
  - eigenes Equipment (Küchengeräte, Geschirr, Besteck, Gläser, Tischwäsche, etc.)
  - d. h. komplette Eigenleistung ohne weitere Dienstleister
- Modern:
  - sehr kleiner Teil Eigenleistungen: z. B. Personal nur im Verkauf
  - operatives Personal komplett über Personaldienstleister
  - Equipment vollständig über Non-Food-Caterer
- Mixed:
  - Derzeit die häufigste Organisationsform
  - Mix aus Traditionell und Modern
  - Häufig Vertrieb und Küche komplett eigenes Personal
  - Service via Personaldienstleister
  - Equipment teilweise in Eigenbestand, Rest via Non-Food-Caterer

Relevante Begrifflichkeiten

ANÜ	Arbeitnehmerüberlassung
Ausschreibung	Schriftliche (meist öffentliche) Aufforderung zu einer Angebotsabgabe für abgefragte Leistungen
Buffet	Speisen stehen an Buffets bereit, entweder in Selbstbedienung oder von Köchen vorgelegt
Flying Buffet	Speisen werden in kleinen Portionen gereicht (in Schälchen oder auf Tellerchen), i. d. R. an Stehtischen
HACCP	HACCP (**H**azard **A**nalysis **C**ritical **C**ontrol **P**oint) ist ein betriebliches Eigenkontrollsystem zur Garantie der Lebensmittel- und Hygienesicherheit im Produktionsprozess.
Headcrew	Führungsmannschaft
KVR	Kreisverwaltungsreferat
Lead-Agentur	verantwortliche Eventagentur • vergibt mitunter Gewerke an andere Agenturen
LECA	Leading Catering Association Teil des Kommunikationsverbandes FAMAB
Live Cooking	Speisen werden am Buffet für die Gäste ‚live' zubereitet
Moodboard	Arbeits- und Präsentationsmittel zur visuellen Darstellung von Ideen oder Produkten
Menü	Speisenfolge beim gesetzten Essen
Non-Food Catering	Verleihdienstleister von Koch-, Service- und Küchenequipment für Events inklusive der Logistik

Table Top	Geschirr, Besteck, Gläser, Menagen
Rollservice	Die Servicekräfte ‚rollen' mit den Speisen durch den Raum, d. h. die Speisenkellner gehen auf einen Serviceleiter zu (er hält in der Regel eine Serviette hoch, damit die Servicekräfte ihn/sie gut sehen können). Der Serviceleiter weist dann den Servicekräften mit den Tellern (je maximal drei) die Tische zu, sodass die Tische in einer bestimmten Reihenfolge bedient werden. Hierbei gibt es keine feste Einteilung nach Tischen (Stationen). Das Abräumen erfolgt dann in wiederum willkürlich zusammen gestellten Dreier- oder Viererteams.
Rücklauf	Backbereich zum Abräumen von Table Top und zur Müllentsorgung
Serviceschnitt	Verhältnis von Servicekräften zu Gästen, z. B. 1:10 das bedeutet auf 10 Gäste kommt eine Servicekraft
Stationsservice	Service mit festen Stationen, d. h. einen Stationsführer unterstehen zwei bis drei Servicekräfte, so dass die Tische immer gleichzeitig eingesetzt werden können. Bei dieser Serviceorganisation, bedienen die gleichen Servicekräfte, immer die gleichen Gäste. Ein gut eingespieltes Team, kann sich den Gästen seiner Station (drei bis fünf Tische) vor Beginn des Service vorstellen. Das Abräumen erfolgt dann Tischweise. Für Stationsservice sind deutlich mehr Servicekräfte erforderlich als für Rollservice.
VStättV	Versammlungsstätten-Verordnung

Elemente des Event-Caterings 3

3.1 Speisen

Die naheliegende Assoziation beim Begriff Event-Catering ist natürlich Essen. Sei es einfach oder spektakulär inszeniert, sei es regional oder international. Ein besonderer Fokus des Event-Caterers muss auf den Speisen liegen. Die Vergleichbarkeit und ein nicht selten profundes Wissen der Kunden, machen das Essen oft zu einem Hauptthema. Hinzu kommt, dass Kochen heutzutage Lifestyle bedeutet und schon deshalb Viele bei diesem Thema gerne mitreden.

Im Bereich Event-Catering ist es elementar, dass es der Anbieter schafft, ein klares Profil seines Angebotes zu erzeugen. Die Palette reicht hier von konservativ über klassisch, international, regional oder modern bis hin zu garantierter Qualität. Entsprechend erfolgt die Auswahl der möglichen Caterer, die an einer Ausschreibung beteiligt werden. Nur mit möglichst vielen Informationen zum Event kann der Caterer ein perfekt zugeschnittenes Angebot erstellen. Anlass des Events, Gästezielgruppe, Geschlecht, Altersdurchschnitt der Gäste, was haben die Gäste den Tag über gemacht (gegessen), ethnische Besonderheiten, religiöse Einschränkungen, etc. Je mehr Details bekannt sind, desto besser kann ein Angebot individuell und passend gestaltet werden.

Beim Event selbst ist zunächst zu beachten, welche Form der Speisenpräsentation gewählt wurde. Aktuell werden etwa 75 % aller Veranstaltungen in Form von Flying Buffet oder im Mix Flying Buffet & Buffet durchgeführt. Sehr häufig werden zum Empfang kleine Fingerhappen angeboten. Diese sollten leicht mit einem Bissen zu essen sein, da die Gäste beim Empfang normalerweise stehen. Das Fingerfood eröffnet in der Regel den kulinarischen Teil eines Events, daher ist umso wichtiger, dass die Teilchen attraktiv und schmackhaft sind. Die Speisen-Präsentation spielt eine wichtige Rolle (ca. 50 % aller gemachten Fotos sind

© Springer Fachmedien Wiesbaden GmbH, ein Teil von Springer Nature 2019
F. Hettler und S. Luppold, *Event-Catering in der Live Communication*,
essentials, https://doi.org/10.1007/978-3-658-27200-5_3

Foodbilder, auch Foodies genannt). Nicht von ungefähr heißt es: Das Auge isst mit! Über diesen Weg entsteht der erste Eindruck. Unser Gehirn verlässt sich sehr stark auf das Sinnesorgan Auge: wenn Speisen optisch attraktiv präsentiert werden, dann erwartet man auch einen guten Geschmack. Selbstverständlich kann jedoch nichts die Produktqualität von Essen ersetzen.

Diese beginnt mit dem Einkauf hochwertiger Grundprodukte: Saison, Regionalität, Bioprodukte (hierfür muss der Caterer zertifiziert sein), Frische der Produkte. Weiterhin ist zu beachten: hygienische Lagerung, schonende Verarbeitung, Einhaltung der Kühlkette sowie zeitgerechte Endfertigung zur Vermeidung eines langen Warmhaltens. Schließlich ist das gute Zusammenspiel mit dem Service zwingend erforderlich, damit die Speisen auch heiß beim Gast ankommen.

3.2   Getränke

Die angebotenen Getränke erzeugen bei den Gästen den ersten Eindruck. Der Aperitif sollte zur Jahreszeit passen, dem Anlass gerecht werden und eine hohe Akzeptanz genießen. Ein ausgewogener Mix aus alkoholischen und alkoholfreien Getränken ist ebenso wichtig wie die Wahl der passenden Gläser für den Ausschank.

Für alle Getränke gilt, dass sie mit der passenden Temperatur angeboten werden. Warme Getränke wirklich heiß, kalte Getränke sollten vor der Veranstaltung rechtzeitig und in ausreichender Menge vorgekühlt werden. Da Aufbauzeiten schon aufgrund der Kosten für Location-Miete relativ kurz gehalten werden, ist zu beachten, dass eine großen Anzahl von 0,75 l Flaschen in vollen Kühltruhen oder vollen Kühlschränken mindesten 24 h durchkühlen müssen, um die richtige Temperatur zu haben. Bei Rotwein (besonders im Sommer) sollte eine zu hohe Servicetemperatur vermieden werden.

Heißgetränke dürfen im Vergleich zu den anderen Getränken qualitativ nicht abfallen, daher auch hier auf hohe Qualität achten (gute Geräte, hohe Wasserqualität).

Für jeden Event gilt: Getränke und Speisen müssen zusammenpassen. Dass man zum Fisch eher Weißwein anbietet, sollte klar sein, jedoch ist es wichtig, dass bei einfachen Speisen eher ‚einfache' Tischweine angeboten werden. Bei hochwertigen Speisen eher Champagner und hochwertige Weine. Beim Getränkeangebot muss sich ein stimmiges Bild ergeben, was in der Praxis (leider) häufig nicht mit dem Budget korrespondiert.

3.3 Nebenleistungen

Hier kommen wir zu dem großen Thema NON-FOOD CATERING. Viele Caterer verpflichten Non-Food-Dienstleister zur Ausstattung ihrer Events. Diese Entwicklung ist getragen von einer schnelllebigen Zeit mit ständig wechselnden Trends:

Geschirr:	oval, eckig, dreieckig, quadratisch rund, cremefarben, schwarz, bunt, gläsern, High Class
Besteck:	klassisch, groß, klein, rundlich, kantig, modern, Silber, schwarz, kupferfarben, Design
Gläser:	einfach, edel, Kristall, mundgeblasen, mit Fuß, ohne Fuß, bunt, eckig, rund, mit Goldrand

Aus diesem Grund ist die Anschaffung von eigenem Equipment wirtschaftlich nicht sinnvoll, da sich der Caterer dadurch stark einschränken würde. Außerdem ist die Reinigungslogistik ein hoher Kostenfaktor, welcher ebenfalls von den Verleihern abgedeckt wird. Bei eintägigen Events ist das Spülen und Polieren von Geschirr, Besteck oder Gläsern von Ort nicht üblich. Es wird ausreichend Equipment mitgenommen, genutzt und schmutzig wieder abgeholt. Nur bei mehrtägigen Events oder auf Messen empfiehlt sich die aufwendige Installation von Spültechnik.

Neben dem Table Top werden bei Events Getränkebars (sei es im Front- oder Backbereich) und eine Getränkelogistik (Kühlung, Zapfanlagen, Nachbestückung, Leergutentsorgung) benötigt. Die benötigten Mengen von Kühleinheiten oder Zapfanlage können ebenso angemietet werden.

Je nach Speisenkonzept sind Buffetfläche oder Front-Cooking-Installationen erforderlich. Immer notwendig ist eine Kücheninstallation. Diese muss optimal auf die jeweiligen Anforderungen zugeschnitten sein. Die am häufigsten eingesetzten (gemieteten) Geräte sind: Konvektomaten (oder auch Kombidämpfer) Hockerkocher und Wärmewagen. Hier ist trotz temporärer Nutzung eine fachgerechte Installation immer notwendig.

Last but not least gehört zu jedem Event die Entsorgung von Müll: organische Abfälle, Verpackungsmaterial (Papier oder Kunststoff), Restmüll. Nachhaltige Eventorganisation erfordert nicht nur die fachgerechte Entsorgung bzw. das Recycling, sondern auch die Trennung des Mülls.

3.4   Personalaufwendungen

Ohne Personal kein Event. Die Dienstleistung des Caterers lebt entscheidend von der Qualität des Personals. Beginnend bei den Köchen über die Logistiker bis hin zu den Servicemitarbeitern ist die Qualität des Caterings unmittelbar von der Qualität der Mitarbeiter abhängig. In den meisten Fällen arbeiten die Caterer bei den Köchen mit einer sogenannten Headcrew: eigenes Personal, das durch Aushilfsköche ergänzt wird. Da bei dem Event selbst (je nach Größe) nur sehr wenige Köche wirklich ‚kochen', geht es bei den meisten Arbeiten um Aufbauen, Anrichten und Abbauen.

Im Bereich Logistik wird auf Profis zurückgegriffen; der Erfolg einer Veranstaltung hängt stark von der logistischen Qualität ab, daher darf es hier keine Fehler geben. Entscheidend in der Planung und im Ablauf ist, dass sich das benötigte Material (Geräte, Teller, Anrichtebesteck, Speisen) zur rechten Zeit am richtigen Ort befindet. Nur dann kann Catering qualitativ hochwertig und reibungslos ablaufen.

Der Servicebereich ist neben der Küchenqualität ausschlaggebend für den Gesamterfolg. Die Servicemitarbeiter sind die Botschafter der Qualität, sie transportieren die positive Energie, welche bei jedem einzelnen Gast ankommen soll. Sind die Servicemitarbeiter freundlich und kompetent, dann fühlen sich die Gäste wohl – die Grundvoraussetzung des Erfolgs. Dazu werden ein oder mehrere erfahrener und versierter Serviceleiter benötigt. Einerseits zur Serviceorganisation, andererseits als Kommunikator zu Gast- und Auftraggebern (Abstimmung von Abläufen, Reden, o. ä.).

Die meisten Caterer arbeiten mit Dienstleistern im Personalverleih. Hier finden sich viele kleinere Unternehmen, die jedoch kaum mehr als 30 oder 40 passende Mitarbeiter stellen können. Hieraus ergibt sich eine Herausforderung: bei großen Veranstaltungen mit einem Servicemitarbeiter- Bedarf von mehr als 50 muss mit mehreren Unternehmen zusammengearbeitet werden.

Zur Qualitätssicherung sollte es bei den Personalverleih-Unternehmen strenge Vorgaben für Optik, Physiognomie und Styling der Servicemitarbeiter geben. In der Regel sind sichtbare Tätowierungen oder ungewöhnliche Piercings nicht erwünscht. Dennoch: bei gewissen Veranstaltungsformaten sind gerade auch solche individuellen Mitarbeiter gefragt.

Die Erfahrung zeigt, dass die Gäste die Qualität des Service primär nach der Freundlichkeit und Optik der Servicemitarbeiter beurteilen. Für den Gast repräsentiert jeder einzelne Mitarbeiter den Caterer. Schon aus diesem Grund ist die Auswahl der Dienstleister und dort wiederum die Auswahl der einzelnen Mitarbeiter überaus wichtig.

Ablauforganisation von Projekten 4

4.1 Erstkontakt

Der Erstkontakt erfolgt üblicherweise vom Kunden bzw. der Agentur per Email, bei größeren Veranstaltungen in Form einer Ausschreibung. Die Qualität der Anfragen ist sehr unterschiedlich. Bei einigen muss vermutet werden, dass auf das Catering wenig Gewicht und damit wenig Zeit verwendet wird. Oft sind die Anfragen sehr unpräzise, vage und häufig mit inhaltlichen Fehlern. Bei notwendigen Rückfragen landet der Caterer nicht selten bei Praktikanten, welche weder zu Inhalt noch zu Budget der Veranstaltung verlässliche Angaben machen können.

Es gibt selbstverständlich viele sehr professionelle Anfragen, bei welchen die kompetenten Ansprechpartner mit allen Informationen genannt werden, sodass Rückfragen etc. schnell und unbürokratisch bearbeitet werden.

Bei privaten Feiern wie Hochzeiten erfolgt der Kontakt meist persönlich. Bei diesen Veranstaltungen ist eine deutlich andere Herangehensweise notwendig, da Privatkunden gerne eine ‚Beziehung' zum Projektleiter des Caterers aufbauen wollen, um sich ‚aufgehoben' zu fühlen. Hier ist ein hoher Grad an Empathie und sozialer Kompetenz vonseiten der Projektleitung von Nöten. Die Veranstaltung wird dann, meist nach Besichtigung der Event-Location, im persönlichen Gespräch definiert, diskutiert und finalisiert.

4.2 Angebotsphase

Steht das komplette Briefing mit allen wichtigen Informationen, beginnt die Angebotsphase. Nun sind die Kreativen aus Küche und Organisationsteam gefragt, um eine erste Konzeption (oft mit einer oder mehreren Alternativen) zu

© Springer Fachmedien Wiesbaden GmbH, ein Teil von Springer Nature 2019

F. Hettler und S. Luppold, *Event-Catering in der Live Communication*,

essentials, https://doi.org/10.1007/978-3-658-27200-5_4

erarbeiten. Dabei spielen die Zielsetzung des Events und das Budget die Hauptrollen. So werden eine erste Cateringkonzeption und damit das erste Angebot entwickelt. Zum Konzept gehört natürlich auch die Planung der Logistik. In dieser Phase müssen alle logistischen Voraussetzungen bekannt sein oder geprüft werden: Anlieferbindungen (ebenerdig, Rampe, Treppe,…), Flächen für den Backbereich, Entfernungen (Küche zum Gastbereich), Strom- und Wasserversorgung vor Ort, Parkflächen für LKW.

Je nach Ausführlichkeit der Vorgaben bleibt das Konzept oberflächlich, zeigt aber mehrere Varianten. Bei präziseren Vorgaben entsteht ein detaillierteres Cateringkonzept mit genau zugeschnittenen Vorschlägen. Große Ausschreibungen können nur über Ausschreibungsplattformen digital eingereicht werden. Dort ist ein Nachbessern nicht möglich. Der Auftraggeber entscheidet dann anhand seiner Vergabekriterien, mit welchen Caterern in die Verhandlungsrunde gegangen wird.

4.3   Verhandlungsphase

Nach der Unterbreitung des Angebotes ergeben sich meist Fragen oder es müssen einzelne Punkte angepasst werden. Also wird die Cateringkonzeption überarbeitet, bis der Kunde das für ihn passende Angebot vorliegen hat. Gefällt das Angebot bzw. das zugrunde liegende Konzept, kommt es gegebenenfalls zu Preisverhandlungen; hier ist das Gebaren recht unterschiedlich und von den jeweils handelnden Personen abhängig.

Verhandlungen über eine Angebotsplattform laufen völlig anders. Ist man als Caterer in die ‚2. Runde‘ gekommen, dann nehmen die Einkaufsabteilungen ihre Arbeit auf. Wurde das Angebot von der Fachabteilung als ‚Okay‘ bewertet, dann kann digital der ‚beste Preis‘ abgeben werden. Der Qualitätsanspruch oder die Inhalte spielen hier keinerlei Rolle mehr. Es kommt auch vor, dass in einem zweiten Schritt nochmals ein (nachgebessertes und dann letztes) Gebot abgegeben werden kann. Daraufhin erhält man, wiederum digital, eine Zu- oder Absage.

Große Ausschreibungen werden mitunter auch persönlich verhandelt; unter Anwesenheit eines Justiziars o. ä. wird das Angebot dann in Teilen besprochen und abgestimmt, wo eventuelle ‚Einsparpotentiale‘ sind. Am Ende gibt der Caterer einen finalen Preis an und wird nach einer Entscheidung des Auftraggebers über das Ergebnis informiert.

4.4   Vertrag

Akzeptiert der Kunde das Angebot wird ein rechtsverbindlicher Vertrag mit Stornobedingungen. Zahlungsfristen etc. geschlossen. Daraufhin werden die vom Caterer angefragten Subunternehmer (Non-Food-Caterer und Personaldienstleister, Dekorateur) beauftragt. Intern wird die Küche mittels Veranstaltungsformular informiert.

Nach Verhandlungen über eine Ausschreibungsplattform erhält der Caterer eine Bestellung von der Einkaufsabteilung. Sobald diese vorliegt beginnt die Detailplanung mit der Fachabteilung des Kunden.

4.5   Probeessen

Probeessen sind wichtig. Aber natürlich nicht um festzustellen, ob ein Caterer in der Lage ist eine Veranstaltung mit, 500 Personen, zu catern. Probeessen sind vor allem dazu da, Speisen und Getränke final zu wählen. Mit einem gelungenen Probeessen wird beim Auftraggeber ein gutes Gefühl erzeugt, den richtigen Cateringpartner gefunden zu haben. Dem Caterer gibt ein Probeessen die Chance Vertrauen aufzubauen und den Kunden besser zu verstehen. Außerdem dienen Probeessen für den Caterer als Vorlage für die Veranstaltung. Stellen Sie sich vor: 1.000 Gäste und zehn Küchenausgaben, da muss doch für jedes Gericht mindestens ein Foto an jeder Ausgabe vorliegen, damit die Speisen überall gleich aussehen.

4.6   Aufbauphase

Die Aufbauphase ist die wichtigste operative Organisationsphase. Hier wird oft über den Erfolg (oder auch den Misserfolg) entschieden. Vor allem gilt es hier für den Serviceleiter die vorgegebene Timeline stringent einzuhalten. Dies hat insbesondere organisatorische (oft aber auch budgetäre) Gründe. Beginnt der Aufbau einer Veranstaltung um 14.00 Uhr und um 19.30 Uhr kommen die Gäste, darf es keinerlei Verzögerungen geben – Pufferzeit existiert nicht und ist bei entsprechend seriöser Planung nicht erforderlich. Es sollte immer ein Grundsystem geben, welches den Ablauf der Veranstaltung erleichtert und später den Abbau vereinfacht.

Alles was für eine Veranstaltung aufgebaut wird ist ein temporäres Set-up. Es wird so geplant, dass die Event-Location (mit besonderer Relevanz etwa für Museen und Büros) nicht beschädigt oder verschmutzt wird und der Abbau nach dem Event schnell und sauber vonstattengehen kann.

Einige Grundparameter sollten prinzipiell beachtet werden:

- Küchenausgabe und Rücklauf nicht trennen (sonst doppelte Wege für die Kellner);
- Getränkeausgabe möglichst nahe bei den Gästen;
- vom Rücklauf aus sollten, ohne den Gästebereich zu kreuzen, die Fahrzeuge (LKW, Kombis etc.) zugänglich sein.

Wie immer gilt: keine Regel ohne Ausnahme: Je nach Location ist es wichtig, bei diesen Punkten flexibel zu bleiben. Die Qualität eines Caterers kann auch nach der gezeigten Flexibilität bemessen werden. Der Grundsatz: ‚Nichts ist unmöglich!‘ ist gerade das Besondere am Event-Catering. Jede Veranstaltung, jede Location, jeder Kunde ist anders und stellt den Caterer vor neue Herausforderungen. Das ist letztendlich, bei allen Herausforderungen, das ‚Salz in der Suppe‘!

Den Abschluss der Aufbauphase bildet das Service-Briefing. Nach der Beendigung des Aufbaus sollten die Mitarbeiter eine Pause machen und vernünftig essen, denn hungrige Mitarbeiter sind nicht entspannt und wirken oft gestresst. Es ist wichtig, dass die Mitarbeiter vor dem Eintreffen der Gäste gegessen und getrunken haben.

Nun versammeln der Serviceleiter und der Projektleiter alle Servicekräfte, Barkeeper, den Küchenchef und den Logistikleiter für das Service-Briefing, idealerweise im Veranstaltungsraum. Für das Briefing ist es wichtig, die Servicemitarbeiter nicht mit Informationen zu überfluten. Es hat sich bewährt einen sogenannten ‚Kellnerhandzettel‘ zu erstellen, den jeder Servicemitarbeiter erhält und bei sich tragen kann. Hier sind der Zeitablauf, die Getränke (u. a. kurze Weinbeschreibung), die Speisenfolge und die Lage der Gästetoiletten aufgelistet.

Die wichtigsten Verhaltensregeln werden zur Sicherheit nochmals wiederholt. Der Serviceleiter erklärt beim Briefing:

- Wer sind die Gäste.
- Wer ist der Kunde (Branche, Größe der Firma, Besonderheiten, besondere Gäste, VIPs etc.).
- Kurzdarstellung des Ablaufs (Eintreffen der Gäste, Beginn Speisenservice, Reden, eventuelle Servicestopps, Künstlerauftritte, voraussichtliches Veranstaltungsende).

- Getränke- und Speisenangebot (Details Verweis auf Kellnerhandzettel).
- Besonderheit der Location, Ein- und Ausgänge, Notausgänge, Lage der Gäste- und Mitarbeitertoiletten.
- Ablauf in der Küche und im Rücklauf, in der Regel alle rechts gehen, zur Vermeidung von ‚Unfällen', Aufgaben der Rückläufer/Logistiker.
- Pausen/Rauchpausen, wann, wer genehmigt diese etc.
- Serviceablauf: Bei Menü: Stationsservice oder Rollservice.
- Bei Stationsservice sind Probeläufe zwingend, da ganz klar sein muss, wer wie viele Teller trägt und welchen Gast bedient; so wird immer jeder Tisch zeitgleich serviert.
- Serviceeinteilung: Wer ist Getränkekellner, wer ist Speisenkellner, Einteilung der Stationen (wer ist für welche Tische zuständig), wer kümmert sich um die VIP-Tische.

4.7 Event mit Gästen

Der Event selbst ist der Höhepunkt der Planung. An dieser Stelle muss alles perfekt stimmen, das ‚just in time' muss genau zu diesem Zeitpunkt passen. Für die Eventorganisatoren ist dies deshalb der wichtigste Teil der Gesamtplanung, da er für den Veranstalter und dessen Gäste der einzige Part der Eventplanung ist, den sie wahrnehmen und erleben. Verständlicherweise haben sie keinerlei Interesse an den Problemen des Aufbaus, eventuellen Schwierigkeiten der Logistik, defekten Geräten oder Einschränkungen beim Abbau. Daher ist es wichtig, dass alle beteiligten Mitarbeiter des Caterers genau hierfür sensibilisiert werden und ganz besonders auf die Zeit der Anwesenheit der Gäste fokussiert sind. Egal wie gut die Planung und Organisation einer Veranstaltung ist, es kommt einzig und allein auf die Phase der Anwesenheit der Gäste an, das ist der Event!

Zu Beginn einer Veranstaltung, beim Eintreffen der ersten Gäste sollte dafür gesorgt werden, dass sich auch ‚frühe' Gästen willkommen fühlen. Daraus folgt, dass mindesten 30 min vor dem offiziellen Beginn, alle in ‚Stand-by' sind. Hier ist es wichtig, dass nicht die ersten vier Gäste von zehn Kellnern bestürmt werden, der Service sollte immer in einem vernünftigen Verhältnis erfolgen.

Bei Veranstaltungen, bei denen die Gäste gesammelt (z. B. mit Bussen) ankommen, können die Kellner ein Spalier bilden, sodass möglichst viele Gäste, schnell ein Getränk erhalten. Bei der Eingangssituation ist darauf zu achten, dass der Service mittels Getränke die Gäste in den Raum zieht. Werden Getränke direkt am Eingang serviert, bleiben zu viele Gäste dort stehen und es entsteht für weitere Gäste, den Veranstalter und den Caterer ein unangenehmer Stau.

Für den Service des Fingerfoods zum Empfang gilt die Grundregel: Erst Getränke, dann Speisen. Also werden zunächst die Aperitif-Getränke angeboten und erst danach oder weiter hinten im Raum die Häppchen.

Der Empfang wird meist durch eine Begrüßungsrede beendet. Bei gesetzten Essen nehmen die Gäste an gedeckten Tischen Platz und es folgt Getränkeservice am Tisch, danach beginnt der Menüservice oder das Buffet wird eröffnet. Bei einer Eventkonzeption mit Sitz-Steh-Kombination erfolgt nach der Rede auch Getränkeservice, allerdings vom Tablett und direkt im Anschluss der Flying Service von Speisen. Selbstverständlich gibt es viele verschiedene Variationen, wie ein solcher Übergang bzw. Servicebeginn gestaltet werden kann.

Der Verlauf des Speisenservices passt sich dem vorgegebenen Zeitrahmen an, dies ist bei einem Menü selbstverständlich sehr klar strukturiert; bei Flying Service oder Buffet ist der Serviceleiter gefordert dies mit dem Veranstalter oder den Künstlern abzustimmen. Eine enge Abstimmung mit der Küche ist stets unerlässlich, gerade beim Menü muss präzise ‚abgerufen‘ werden – der Serviceleiter sagt an, wann der nächste Gang serviert wird. Es sollte vorher abgestimmt sein, wie lange die Küche braucht bis der Gang angerichtet werden kann.

Bei Buffetveranstaltungen ist das Verzehrverhalten der Gäste zu beobachten und dann abzustimmen, wann einzelne Buffetstationen oder Buffetbereiche geschlossen und ob das Buffet von Vorspeisen auf Dessert ‚umgebaut‘ werden können. Bei Flying Service wird von der Serviceleitung individuell entschieden, ab wann den Gästen auch Käse oder Desserts serviert wird.

Nach Beendigung des Speisen-, genauer gesagt des Dessertservice, ist es wichtig unmittelbar darauf Kaffee- und Teeswünsche abzufragen. Kaffee- und Teespezialitäten werden mitunter auch schon zum Dessert serviert.

Digestif ist heute nicht mehr üblich. Es sollte immer darauf geachtet werden, dass der Getränkeservice, besonders auch nach dem Essen, kontinuierlich weiterläuft und nicht ins Stocken gerät. In dieser Phase legen viele Kellner gerne die erste Pause ein. Es ist die Aufgabe des Serviceleiters hier für Kontinuität zu sorgen. Häufig gibt es bei Veranstaltungen einen Mitternachtsimbiss, der im Anschluss an das Essen vorbereitet wird. Je nach geplantem Veranstaltungsverlauf ist zu diesem Zeitpunkt auch die Personalstärke anzupassen; die meisten Speisenkellner können ‚ausgecheckt‘ werden, da deren Arbeit gemacht ist. Im Hintergrund kann nun der Abbau vorbereitet werden.

4.8   Abbau

Qualität und Geschwindigkeit des Abbaus hängen von der Güte des Aufbaus ab. Wurden beim Aufbau alle wichtigen Aspekte für den Abbau bereits berücksichtigt, verläuft er schnell und reibungslos. In dieser Phase sollte immer bedacht werden, dass es oft schon spät abends oder nachts ist und dass die Mitarbeiter nach einigen Stunden Arbeit nicht mehr voll konzentriert sind. Es macht Sinn vor dem ,großen' Abbau eine kurze Pause einzulegen und nochmals mit allen Beteiligten den Ablauf des Abbaus detailliert zu besprechen. Hier kommt der Logistik die Hauptbedeutung zu: ein geordneter Abbau aller Gewerke, ein schnelles Beladen der Fahrzeuge und eine zügige Abfahrt. Nach Abschluss des Abbaus wird die gesamte Location, mit allen Räume, vom Abbauverantwortlichen begangen und abgenommen.

4.9   Debriefing

Leider nehmen sich nur wenige Veranstalter und Agenturen die Zeit ein Debriefing durchzuführen. Das Debriefing kann sehr hilfreich sein, wenn es strukturiert und sachlich (mit Protokoll) durchgeführt wird. Der Kreis der Beteiligten sollte nicht zu groß sein: Kunde, Agentur sowie Vertreter der Gewerke Technik, Catering und Logistik.

Jeder sollte sehr konzentriert vortragen:

- Was hat gut geklappt?
- Was war das Highlight?
- Was war nicht gut?
- Verbesserungsvorschläge!

Die Punkte sollten kurz diskutiert werden, mit einem schriftlichen Resümee zu den Verbesserungs-Ansätzen.

4.10   Rechnungserstellung

Die Basis der Rechnungsstellung ist selbstverständlich das Angebot. Im Normalfall sollte es hier keine oder nur geringe Abweichungen geben, es sei denn die Gästeanzahl hat sich stark verändert oder die Veranstaltung hat länger gedauert.

Die Rechnung sollte transparent und für den Kunden nachvollziehbar sein. Beim Getränkeverzehr ist es selbstverständlich, dass die tatsächlich ausgeschenkte Menge berechnet wird. Es können, wenn mit dem Kunden abgesprochen, die Getränke des Probeessens dazugerechnet werden. Alle Arbeitsstunden müssen ebenfalls nachvollziehbar aufgelistet sein. Etwaige Abweichungen vom Angebot sollten erläutert werden.

Das Zauberwort im Event-Management heißt Budgettreue! Jeder Kunde weiß es zu schätzen, wenn er eine Rechnung erhält, die er versteht und bei der er das Gefühl hat, dass alles stimmt. Nicht zuletzt aus diesen Gründen verlangen Kunden vermehrt Pauschalen und Gesamtpackages, um damit die Budgetsicherheit zu garantieren.

Logistik – Besonderheiten beim Event-Catering 5

Im Gegensatz zu vielen anderen Branchen, ist das Eventcatering ein absolutes ‚just in time' Geschäft. Der Event-Caterer kommt als letzter, verlässt dafür allerdings die Location als erster. Entscheidend ist allerdings, dass alles Benötigte, rechtzeitig vor Ort ist und genauso rechtzeitig wieder abgeholt wird.

Lieferanten wie Zeltbauer, Non-Food Caterer, Dekorateure berechnen häufig nach Tagessätzen (Zwei- oder Dreitagessätzen), daher muss alles Material des Caterers so kurz wie möglich, aber so lange wie nötig am Ort sein. Ein Ausfall eines Lieferanten (z. B. des Weins oder der Kücheninstallation) ist nicht zu kompensieren. Aus diesem Grund sind verlässliche Subunternehmer und Dienstleister das Rückgrat der Event-Catering-Branche.

Eine Besonderheit ist auch der temporäre Aspekt. Alles was für Event-Catering aufgebaut wurde, ist zeitlich begrenzt und muss nur eine gewisse Zeitlang ‚funktionieren'. Daraus folgt, dass in dieser Branche immer ein Anteil Improvisation unvermeidbar bleibt. Dies hängt stark mit den Kosten zusammen. Eine temporäre Installation muss zwar abnahmefähig sein, aber wiederum nicht dauerhaft halten!

Die Herausforderung für die Logistiker vor Ort ist die gleiche wie für die Eventorganisatoren insgesamt. Immer neue Orte, immer neue Anforderungen, immer wieder neue behördliche Auflagen. Zur Logistik gehört ebenso die Beförderung der Mitarbeiter. Dies ist in einer größeren Stadt durch ÖPNV problemlos bis zu einer bestimmten Uhrzeit realisierbar. Spät nachts oder in abgelegenen Regionen kann die An-und Abreise ein Problem sein und muss im Voraus genau geplant werden. Der Transport mit Bussen spielt dann auch eine Rolle bei Serviceeinteilung, da ja alle ‚Busreisende' nach dem Event auch gemeinsam ausgecheckt werden müssen.

© Springer Fachmedien Wiesbaden GmbH, ein Teil von Springer Nature 2019   19
F. Hettler und S. Luppold, *Event-Catering in der Live Communication,*
essentials, https://doi.org/10.1007/978-3-658-27200-5_5

Dramaturgie eines Events 6

Ein Event ist immer eine Komposition aus ganz unterschiedlichen Aspekten bzw. Gewerken. Sie wirken zusammen, um für die Gäste ein möglich einmaliges und besonders nachhaltiges Erlebnis zu schaffen. Der Event soll die Affinität zu einem Unternehmen, zu einer Marke, zu einem Produkt oder einer Dienstleistung steigern. Neben einem klassischen Ansatz in der Live-Kommunikation, wie z. B. einer analogen oder digitalen Show mit verschiedenen zum Event-Ziel passenden Elementen, kann hier auch Schauspielkunst, Theater, Kabarett oder Pantomime zum Einsatz kommen.

Events werden oft von zahlreichen Reden begleitet. Diese gehen häufig weit über eine Begrüßung hinaus und enden nicht selten in einer langwierigen und langweiligen Präsentation mit technischer Darstellung eines Produktes oder dem Organigramm des Unternehmens. Eine solche Regie ist für die Dramaturgie des Events nachteilig. Die Eventdramaturgie sollte auf die Bindung an das vorzustellende Produkt ausgerichtet sein, wobei alle begleitenden Dienstleistungen sich dieser Vorgabe unterordnen müssen.

6.1 Eventkonzeption & konzeptionelles Event-Catering

Durch die multiplen gesellschaftlichen/sozio-ökonomischen Veränderungen (Wegfall des klassischen Familienverbundes, Digitalisierung, Social Media, Compliance Vorgaben, Ökologie etc.) haben sich auch die Anforderungen an die Konzeptionierung von Events verändert: den großen Veränderungen unserer Zeit muss und soll Rechnung getragen werden. Das Konzept ist vom Zeitgeist geprägt.

© Springer Fachmedien Wiesbaden GmbH, ein Teil von Springer Nature 2019   21
F. Hettler und S. Luppold, *Event-Catering in der Live Communication,*
essentials, https://doi.org/10.1007/978-3-658-27200-5_6

Dies beginnt bereits mit der Einladung. Digital oder hochwertig analog? Unabhängig davon erfolgt die Zu- oder Absage in der Regel über das Internet. Die Anmeldung oder Akkreditierung bei Veranstaltungen – früher mühsam über Listen – erfolgt nun per Scan; dann wird das Namensschild gedruckt oder man erhält eine Chipkarte, mit der verschiedene Stationen angelaufen werden können. Es kommt auch vor, dass für Reden kleine Kopfhörer ausgeben werden, um diese unabhängig von einem bestimmten Platz in der Location hören zu können (sehen kann man sie gegebenenfalls über Projektionen oder Monitore). Lediglich große Shows mit Effekten bedingen, dass alle Gäste an bestimmten Plätzen präsent sein müssen.

Die Nachbereitung eines Events, sei es durch Fotos oder eine schriftliche Dokumentation, erfolgt selbstverständlich genauso digital wie die Einladung.

Dies alles hat durchaus einen Einfluss auf die Konzeption des Catering. Erfolgreiches Catering folgt heute diesen veränderten Voraussetzungen. Die aktuellen Trends und die Erwartungshaltung der Gäste finden sich im Event wieder. Im Vorfeld ist eine enge Abstimmung von Veranstalter und Caterer hilfreich, damit eine optimale Verzahnung von Event- und Cateringkonzept umgesetzt werden kann. Das Catering ordnet sich der Konzeptionsidee unter. Oder noch besser: das Catering macht sich diese Grundidee zu eigen und entwickelt auf dieser Basis mit den Projektleitern und Köchen ein entsprechendes Gesamtkonzept (Getränke, Food, Equipment, Personal).

Dabei spielen zahlreiche Faktoren eine Rolle:

- Eventkonzept (Zielsetzung, Ablauf etc.)
- Vorgabe des Veranstalters (Grundsätzliche Ausrichtung – modern, klassisch, außergewöhnlich, bio, vegetarisch etc.)
- Branchenspezifika
- Gäste (Alter, Geschlecht, Herkunft, sozialer Hintergrund)
- Budget

Auf dieser Basis gilt es dann ein individuelles Cateringkonzept zu erarbeiten. Hier spielen Aspekte wie besondere Vorlieben des Vorstandes oder Kultgerichte des Unternehmens oft eine Rolle. Wichtig ist, dass die Dramaturgie des Cateringkonzepts der Dramaturgie des Eventkonzepts folgt.

Die Qualität des Cateringkonzeptes lässt sich an seiner Stringenz messen – was bedeutet, dass das Konzept einen roten Faden hat. Es sollte eine klare Linie, erkennbar sein: in der Küchenausrichtung, der Küchenstilistik oder auch der Präsentation von Getränken, Küche und Service. Ein wichtiges Kriterium ist hierbei der Mut, es nicht allen recht machen zu wollen. Ein Konzept wird immer an

Grenzen stoßen, weshalb auch auf Elemente verzichtet werden muss. Andernfalls wird es leicht austauschbar, beliebig oder sogar belanglos.

Nicht selten passiert es, dass der Kunde die Shows und Reden so in die Länge zieht, dass der Hauptpart des Catering nach 22.00 oder 23.00 Uhr stattfindet. Dies ist weder für die Gäste noch für die Speisen wirklich gut. Bei Kommunikationskonzepten (Sitz-Stehkombinationen, Walking Dinner, Streetfood Market o. ä.) ist es für das Catering deutlich leichter sich in Szene zu setzen. Hier wird mehr auf die kulinarischen Bedürfnisse der Gäste eingegangen, was dann oft zur Kommunikation zwischen Gästen und Köchen führt. Häufig können sich die Gäste Zutaten und Zubereitung erklären lassen.

6.2 Von digital zu Face-to-Face

Digital kann Face-to-Face nicht ersetzen, digital kennt ja auch nur 0 oder 1. Das menschliche Wahrnehmungsspektrum geht weit darüber hinaus. Zunächst ist der direkte Kontakt durch nichts substituierbar, da im Gespräch Fragen oder Widerstände sofort geklärt und häufig auch umgekehrt werden können. Menschen können Emotionen einfach am besten und am glaubwürdigsten transportieren.

Events zielen auf Emotionen ab, es gilt die Menschen zu erreichen, eine Erinnerung zu hinterlassen. Auch hier kann das Event-Catering mehr als hilfreich sein, denn Essen, heute als Lifestyle-Element, spricht die Emotionen der Menschen an und über Emotion werden Erinnerungen verknüpft und schon sind wir wieder beim Ziel des Events – der Gast soll emotional gebunden werden.

Rechtliche Grundlagen und Vorschriften

Im Laufe der letzten Jahre haben im Bereich Gesetzgebung und Vorschriften zahlreiche Neuerungen und Veränderungen stattgefunden. So sinnvoll viele davon sind, so entsteht daraus häufig ein deutlicher Mehraufwand, der zulasten des Caterers geht.

Einige Beispiele: Die Versammlungsstätten-Verordnung ist in erster Linie dafür geschaffen worden, um den Brandschutz bei Events, also den Schutz von Personen, zu optimieren; dazu nachfolgende einige Auszüge. Die Hygienevorgaben wurden richtigerweise verschärft und was noch viel wichtiger ist: diese werden nun auch streng kontrolliert.

Die Einführung der Deklarationspflicht von Allergenen und Zusatzstoffen in Speisen und Getränke nicht nur auf Speisenkarten von Restaurants, sondern auch bei Events, ist ein Beispiel für bürokratische EU-Gesetzgebung. Ein immenser Aufwand für die Caterer, welcher jedoch von den Gästen kaum honoriert wird. Das Arbeitszeitgesetz mit der Begrenzung der Maximalarbeitszeit sorgt für eine unvermeidbare Erhöhung der Organisations- und Personalkosten. Zum Abschluss werfen wir noch einen kurzen Blick auf den Aspekt Bio.

7.1 Versammlungsstätten-Verordnung/Brandschutz

Definition in § 2 Absatz 1
Versammlungsstätten sind bauliche Anlagen oder Teile baulicher Anlagen, die für die gleichzeitige Anwesenheit vieler Menschen bei Veranstaltungen - gleich welcher Art - bestimmt sind sowie Schank- und Speisewirtschaften.

© Springer Fachmedien Wiesbaden GmbH, ein Teil von Springer Nature 2019
F. Hettler und S. Luppold, *Event-Catering in der Live Communication,*
essentials, https://doi.org/10.1007/978-3-658-27200-5_7

Schutzziel der VStättV

Ein nach dem aktuellen Stand sicherheitstechnischer Erkenntnisse möglichst optimaler Schutz von Personen während ihres Aufenthaltes und die rasche Evakuierung bei Eintritt von Stör- und Schadensfällen.

Beispiel § 10 VStättV:

Bestuhlung, Gänge und Stufengänge

Von jedem Tischplatz darf der Weg zu einem Gang nicht länger als 10 m sein.

Der Abstand von Tisch zu Tisch soll 1,50 m nicht unterschreiten

---

7.2　Hygiene und Deklarationspflicht

In der EU-Lebensmittelhygiene-Verordnung (VO 852/2004) sind die Hygienerichtlinien genau definiert und geben einen umfassenden Hygieneprozess vor, der jeden einzelnen Mitarbeiter (Personal-Hygiene) und den gesamten Betrieb (Betriebs-Hygiene) umfasst. Die Lebensmittelhygiene-Verordnung (LMHV) verpflichtet jeden Betrieb, welcher Lebensmittel verarbeitet, herstellt, verpackt, lagert, befördert, behandelt, verteilt oder zum Verkauf anbietet, geeignete und notwendige Maßnahmen und Kontrollen sicherzustellen, um unbedenkliche und genusstaugliche Lebensmittel zu gewährleisten.

Um dieser Verantwortung gerecht zu werden, arbeiten die meisten Betriebe nach HACCP. Das ursprünglich von der NASA entwickelte Kontrollsystem HACCP (Hazard Analysis Critical Control Point) ist ein betriebliches Eigenkontrollsystem zur Garantie der Lebensmittel- und Hygienesicherheit im Produktionsprozess.

Ziel ist es, gesundheitsgefährdende Einflüsse auf den Verbraucher zu vermeiden. Dazu werden alle Gefahren im Lebensmittelherstellungsprozess identifiziert (Gefahrenanalyse) und kritische Kontrollpunkte (CCP) festgelegt, an denen gesundheitliche Risiken auftreten können und durch entsprechend festgelegte Maßnahmen gelenkt werden müssen. Zudem wird die Effizienz des Systems durch Checklisten und Dokumentationen und HACCP-Audits ständig überprüft.

Nach der Lebensmittelhygiene-Verordnung (LMHV) sind Betriebe zur Qualitätssicherung verpflichtet und müssen alle Mitarbeiter, die mit Lebensmitteln umgehen, regelmäßig in Lebensmittelhygiene schulen. Die DIN 10514 „Lebensmittelhygiene-Lebensmittelschulung" liefert Vorgaben über die Inhalte der Personalschulungen, zu diesen gehören u. a.:

Mikrobiologie, Personalhygiene, Produktionshygiene, Betriebshygiene, Lagerung (Temperatur/Kühlkette), Reinigung und Desinfektion.

Ergänzend hierzu sollten von allen Speisen Rückstellproben genommen werden, um im Bedarfsfall den Nachweis führen zu können, dass die vom Betrieb in den Verkehr gebrachten Lebensmittel den Hygienevorschriften entsprechen (Nachweispflicht liegt beim Caterer).

Für Events im In- und Ausland gelten folgende Richtlinien (Auszug):
- Handwaschbecken (Kalt- und Warmwasser, Seife/Desinfektionsmittel/ Handtrocknung)
- Küchenboden (bevorzugt PVC) mit Rutschklasse (Sie müssen leicht zu reinigen und zu desinfizieren sein, d. h. die Oberflächen müssen glatt und aus geeignetem Material, z. B. Fliesen, Kunststoff oder abwaschbarer Anstrich, sein. Fußböden sind wasserundurchlässig und nötigenfalls mit Bodenabläufen versehen.)
- Temperaturkontrollen mit Dokumentation
- Separate Gäste- und Personaltoiletten
- Umkleiden (m/w) für die Mitarbeiter

Die Einhaltung der EU-LMHV wird in Europa, auch vor Ort bei Events (besonders bei mehrtägigen Veranstaltungen), von der Lebensmittelinspektion oder einer in dem entsprechenden Land zuständigen Behörde streng kontrolliert.

Die Einführung der Deklarationspflicht von Allergenen und Zusatzstoffen hat zu einem großen Verwaltungsaufwand geführt. Für Caterer mit einem Standardangebot ist dies überschaubar aufwendig, für Event-Caterer mit immer neuen maßgeschneiderten Angeboten ergibt sich ein permanenter Aufwand.

Deklarationspflichtige Allergene
Glutenhaltiges Getreide (Getreideart muss namentlich erwähnt werden); Krebstiere und daraus gewonnene Erzeugnisse; Eier und daraus gewonnene Erzeugnisse; Fische und daraus gewonnene Erzeugnisse; Erdnüsse und daraus gewonnene Erzeugnisse; Soja(bohnen) und daraus gewonnene Erzeugnisse; Milch und daraus gewonnene Erzeugnisse; Schalenfrüchte(Art muss namentlich erwähnt werden); Sellerie und daraus gewonnene Erzeugnisse; Senf und daraus gewonnene Erzeugnisse; Sesamsamen und daraus gewonnene Erzeugnisse; Schwefeldioxid und Sulfite (ab 10 mg/kg/Liter verpflichtend); Lupinen und daraus gewonnene Erzeugnisse; Weichtiere und daraus gewonnene Erzeugnisse.

DeklarationspflichtigeZusatzstoffe

Mit Farbstoff; mit Konservierungsstoff; mit Antioxidationsmittel; mit Geschmacksverstärker; geschwefelt; geschwärzt; mit Phosphat; mit Milcheiweiß (bei Fleischerzeugnissen): koffeinhaltig; chininhaltig; mit Süßungsmittel; gewachst.

7.3   Arbeitszeitgesetz (ArbzG)

Das Arbeitszeitgesetz gibt vor, dass jeder Mitarbeiter maximal 10 h Arbeitszeit pro Tag, maximal 50 pro Woche (an maximal 6 Tagen) leisten darf! Ab 6 h Arbeit sind mindestens 30 min Pause vorgeschrieben, ab 9 h Arbeit sind mindestens 45 min Pause zu gewähren. Dazu kommt, dass nach jeder Schicht minimal 11 h Ruhephase vorzusehen sind.

Das klingt plausibel und sinnvoll. Die Frage die sich stellt ist, weshalb Ärzte, Pfleger, Polizisten oder auch Feuerwehrleute regelmäßig länger arbeiten dürfen. Dies ist umso kurioser, da dieses Gesetz die Caterer vor fast unlösbare Aufgaben stellt. Der Austausch einer Logistik- oder Servicecrew während einer Veranstaltung bedingt die Planung von Personaltransport, Uniformen, und Personalverpflegung. Das Problem tangiert auch die Betreuungs-Qualität, dazu ein Beispiel: Der Service startet um 18.00 Uhr und gegen 23.00 Uhr ist plötzlich ‚mein' Kellner verschwunden. Er wusste welchen Wein ich trinke (immer mit Eiswürfel) welches Wasser (Zimmertemperatur), nun ist da ein anderer. Ein Getränkekellner betreut bei einem Event in der Regel zwischen 20 und 50 Gäste; wie sollen diese Informationen übergeben werden, wo bleibt die Servicequalität, wo die Dienstleistung. Schlimmer ist es noch bei den Serviceleitern, Logistikern oder Getränkelogistikern (die haben den Überblick über die noch vorhandenen Getränkemengen). Diese Mitarbeiter kennen alle Details vor Ort (auch für den sortieren Abbau unerlässlich). Manchen erscheint dies als völlig normaler Vorgang, welcher lediglich gut geplant sein muss. Leider trifft das nicht zu. Der Qualitätsverlust ist enorm und nicht zu kompensieren!

Dazu kommen die Mehrkosten, für die meisten Kunden vollkommen unverständlich, und der erhöhte Aufwand für die Personalbeschaffung bzw. die Personalverfügbarkeit.

7.4   Bio – Was bedeutet das überhaupt?

Zuallererst: Bio ist ein Erzeuger- aber im eigentlichen Sinne kein Qualitäts-label. Bio schreibt die Art der Tierhaltung und die Tierfütterung zwingend vor. Dies birgt wiederum auch Risiken, so kann Bio-Futter leicht Ungeziefer oder Keime enthalten, wodurch die Tiere beim Fressen des Futters erkranken können; dann darf der Bio-Bauer jedoch keine starken Medikamente (Antibiotika) ver-abreichen!

Um Bio oder Öko auf der Speisekarte deklarieren zu dürfen, muss sich ein Caterer vorher zertifizieren lassen. Was heißt das?

Die EG-Öko-Verordnung (EG) Nr. 834/2007 regelt genau, wann sich ein Lebensmittel Bio oder Öko nennen darf. Nur Produkte, die nach den Richtlinien der Verordnung erzeugt, verarbeitet und kontrolliert werden, dürfen als Bio- oder Öko-Ware gekennzeichnet werden.

Begriffe wie biologisch, ökologisch, aus biologischem Anbau, ökologischer Landbau etc. dürfen für die Bezeichnung des Produkts nur genutzt werden, wenn mindestens 95 % der landwirtschaftlichen Zutaten aus ökologischem Landbau stammen.

EU-Bio-Logo
Dieses Siegel kennzeichnet, dass die gesetzlichen Mindestanforderungen für das Bio-Produkt nach EU-Recht erfüllt sind.

Deutsches Bio-Siegel
Es galt in Deutschland, bevor das EU-Bio-Siegel 2010 eingeführt wurde. Heute darf es nur noch zusätzlich zu diesem verwendet werden.

Um Bio auf der Speisekarte deklarieren zu dürfe, muss
1. ein Caterer als zertifizierter Betrieb am Kontrollsystem teilnehmen.
   - Wird an der Speisekarte oder auf einer Tafel im Veranstaltungsraum ein Gericht, eine Komponente oder eine Zutat mit Bio (oder bio-logisch, Öko, ökologisch) ausgewiesen, so ist eine Teilnahme am Kontrollverfahren nach den EU-Rechtsvorschriften erforderlich.
2. das verwendete Gericht/die Komponente gemäß den Bestimmungen der EU-Rechtsvorschriften hergestellt und zertifiziert sein.
   - Ökologische Zutaten, die für ein Gericht oder eine Menükomponente eingekauft werden, müssen auch in der Buchführung nachweislich

als Bio bzw. Öko ausgewiesen werden. Bei der Kontrolle wird auch die Plausibilität zwischen Einkaufsvolumen und den verarbeiteten Mengen überprüft.

3. ein Caterer darauf achten, das Bio-Siegel zur Kennzeichnung auf Speisenkarten oder auf Tafeln bestimmungsgemäß zu verwenden.

Bei der Gestaltung der Speisenkarten muss darauf geachtet werden, dass das Bio-Siegel nicht irreführend eingesetzt wird. Es muss ein eindeutiger Bezug zu den als Bio ausgewiesenen Speisen, Komponenten und weiteren gastronomischen Bioprodukten hergestellt sein. Aus diesem Grund muss das Bio-Siegel immer in unmittelbarer Nähe zu den Gerichten oder Komponenten angegeben werden, auf die es sich bezieht. Des Weiteren muss die Codenummer (DE-ÖKO-XXX) der Kontrollstelle ausgewiesen werden.

Kalkulatorische Aspekte 8

Bei der Kalkulation von Event-Catering-Angeboten gibt es verschiedene Aspekte:

- Die Rohstoffe unterliegen saisonalen Preisschwankungen; z. B. erhöhen sich in der (Vor-)Weihnachtszeit die Preis von Luxuslebensmitteln (Hummer oder Kaviar) teilweise dramatisch.
- Ähnlich ist es im Sommer mit Obst und Gemüse. Witterungseinflüsse bei den Erzeugern – zu heiß, zu nass, zu trocken, zu kalt – führen zu kurzfristigen Preiserhöhungen.
- Die verstärkte Nachfrage nach Bio-Produkten treibt deren Preis. Um Bio-Produkte verarbeiten und deklarieren zu dürfen, muss der Betrieb zunächst zertifiziert werden. Die ist sowohl ein organisatorischer als auch ein finanzieller Aufwand.

Bei Getränken sind die Einkaufspreise stabiler. Hochwertige Champagner oder Weine spielen im Event-Catering im größeren Maßstab keine Rolle. Bei diesen Produkten versucht man eher im Mainstream zu bleiben, um den Geschmack von möglichst vielen Gästen zu treffen. Teurere Weine kommen hin und wieder bei kleineren Events oder in einem abgegrenzten VIP-Bereich zum Einsatz.

Die Kalkulation für Nebenleistungen klingt ganz einfach: Beauftrage einen Non-Food Caterer, schlage einen kleinen Prozentsatz auf und alles passt. Leider ist das nicht so, denn es gibt diverse schwer vorhersehbare Aspekte wie: Bruch von Geschirr oder Gläsern, Schwund, zeitliche Verzögerungen. Alles Kosten, welche nicht so ohne weiteres an den Kunden weitergegeben werden können. Daher muss in der Kalkulation ein entsprechender Puffer eingebaut werden.

Die Personalkosten sind in den letzten Jahren, nicht zuletzt auch durch die Einführung des Mindestlohns in Deutschland (01.01.2015), stark angestiegen.

© Springer Fachmedien Wiesbaden GmbH, ein Teil von Springer Nature 2019
F. Hettler und S. Luppold, *Event-Catering in der Live Communication*,
essentials, https://doi.org/10.1007/978-3-658-27200-5_8

Dazu gesetzliche Regelungen mit Auswirkungen auf das Personalleasing im Zusammenhang mit der Arbeitnehmerüberlassung. Zusätzliche bürokratische Hürden führen in der Regel zu Kostensteigerungen. Die Personalkosten werden dem Kunden stundengenau abgerechnet, daher ist die kalkulatorische Seite akkurat abgedeckt.

Zu beachten sind Kosten für die Anschaffung oder Reinigung von verschiedenen Uniformen und einheitlicher Bekleidung für das Servicepersonal, welche nicht immer direkt an den Kunden weitergegeben werden können.

Insgesamt ist die Kalkulation durch den Wettbewerb am Markt getrieben. Große Events werden als Gesamtpaket vergeben. Es gibt einen Angebotspreis, für welchen mit der Einkaufsabteilung des Auftraggebers ein prozentualer Gesamtnachlass verhandelt wird. Hierdurch werden sämtliche kalkulatorische Aspekte infrage gestellt. Daher ist es wichtig, dass man als Vorbereitung einer Verhandlung die Selbstkosten und den Deckungsbeitrag eines Events kennt. Je nach Veranstaltungsgröße oder auch der Veranstaltungsdauer (beispielsweise mehrere Wochen mit mehreren hundert Personen täglich „back to back") ist eine Kalkulation sehr stark erfahrungsbasiert. Bei Großveranstaltungen über mehrere Wochen reduzieren sich die Kosten sukzessive, zum Teil recht deutlich (durch Ablauf-Optimierung, die Nutzung von Synergien und die eintretende Routine); dies kann bei einer Preisverhandlung nur schwer in Zahlen gefasst werden.

Status quo

Die gesamte Event-Catering-Branche leidet heute unter einem Preiskampf der Anbieter (Nachfrager-Markt) und dem Kostendruck (Rohstoff, Energie, Transport, Equipment, Personal). Besonders schwer wiegen die Personalkosten (Mindestlohn, Arbeitszeitgesetze, Lohnnebenkosten). Steigende Kosten sind der Grund dafür, dass Veranstaltungen vermehrt in festen Locations, Hotels oder Kongresszentren stattfinden.

Die gesamtwirtschaftliche Situation war nunmehr über Jahre stabil. Die ersten Anzeichen für eine Abschwächung der Konjunktur führen in der Wirtschaft immer zu Kostenkürzungen in den Bereichen Reisen und Events. Hier ist Cost-Cutting am einfachsten und am schnellsten umzusetzen.

Trends

Wir erleben vermehrt entspannte Formate, Sitz-Steh-Kombination und damit weniger gesetzte Essen. Das entspricht dem Trend, interaktive und kollaborative Veranstaltungen durchzuführen.

Nach wie vor extrem wichtig ist der nachweislich regionale Absender der verarbeiteten Produkte, dazu kommt der allgemeine Wunsch nach attraktiven vegetarischen und veganen Speisen bzw. Speisenkombinationen. Der Eventcharakter und die Kommunikation stehen deutlich im Mittelpunkt, den Gästen soll neben dem Event selbst ein zusätzliches Erlebnis durch das Catering vermittelt werden, dies geschieht mit der Präsentation der Produkte, Food Pairings, neuen Garmethoden, Live-Cooking oder neuen Darreichungsformen.

Chancen

Für die Event-Caterer bestehen die größten Chancen auf Erfolg dann, wenn sie ihre Zielmärkte klar identifizieren und dann in diesen Märkten aktiv und kon-

© Springer Fachmedien Wiesbaden GmbH, ein Teil von Springer Nature 2019   33
F. Hettler und S. Luppold, *Event-Catering in der Live Communication*,
essentials, https://doi.org/10.1007/978-3-658-27200-5_9

sequent ihre spezifische Kompetenz anbieten. Trends und Veränderungen – hier auch ein neues Anspruchsverhalten – lassen sich gut mit dem Begriff Zeitgeist beschreiben: aktuelle Strömungen, gesellschaftlicher Wandel und Foodtrends (regional, ökologisch, vegetarisch, vegan…) werden aufgegriffen. Ein ganzheitliches Cateringkonzept, welches zunächst ins Budget des Kunden passen muss und dabei aber die Vorgaben des Kunden dem Zeitgeist entsprechend umsetzt, ist hier Favorit.

Risiken
- Gesetzgebung ANÜ Arbeitskosten
- Arbeitszeitgesetz – Initiative der LECA
- Konjunkturelle Entwicklung
- Entwicklung der Personalkosten
- Terroranschläge

Siehe Abb. 10.1, 10.2, 10.3 und 10.4

<table>
<tr><td colspan="2" rowspan="2"></td><td rowspan="2" align="center"><h2>Checkliste</h2></td><td rowspan="2"></td></tr>
</table>

	Veranstaltung	Kunde	Datum

TO DO´s	Bestellung	Bestätigung	Änderung	Rechnungscheck
Angebot				
Unterschrift vom Kunden erhalten				
Anzahlungsrechnung verschickt				
Bestellungen:				
Speisenkommission an KB, KK, WK, Pat, FH, OK				
Crew- und Personalspeisen				
Weinkeller per E-Mail + 2xFaton				
K&F Getränke				
Kühlhänger bestellen				
Dallmayr Packliste Faton				
Profimiet				
Party Rent				
Klaus & Paul Kaffeemaschine				
Klaus Bar				
Sonstiges Equipment (Frankl / Eventwide etc.)				
Dekoration				
Sonstiges				
Personal:				
TST/ Party People / Recrew / Heimann				
Oberkellner blocken				
Küche				
GK AD				
Logistiker (Profi Miet / Imageneers)				
Hostessen / Garderobe / Security				
Personalkleidung				
Krawatten bei BB bestellen				
Unterlagen:				
Serviceleiterunterlagen/Equipmentbest. an OK				
Getränkeübersicht an GK AD				
Fuhrparkplan eingetragen				
Mietauto bestellen				
Anfahrtsübersicht an Küche und Service				
Bürounterlagen zu EB				
Extras:				
CAD - Plan				
Künstler				
Leihautos (Sixt / FrigoRent)				
Technik				
Zelt				
Graphik / Menükarten				

Notizen/ Ergänzungen:

10 - User Manual	7/3/2019	Seite 1 von 1

Abb. 10.1 Checkliste für den Gesamtprozess eines Event-Projektes

Location:
Datum:
Adresse:
Anbindung:
Art der VA:
Max. Gästezahl:

Ansp. Partner:
fon:
fax:
mobil:
email:

Miete:
Umsatzpacht/Provision:
Endreinigung:
Wohngebiet:

Zusatzkosten:
Hausmeister:
Techniker:
Security:
Preferred Partner

Anlieferung:
Parkplätze:
Gäste Parkplätze:
Hinterhof:
Aufzug/Größe & Max. Last:
Anlieferungszeiten:
LKW / Sprinter:

Gastbereich:
Größe
Raumanzahl:
Vorhandenes Mobiliar / Equipment:
Garderobe:
Fluchtwege:
Technik:
Außenbereich:
Raucherbereich:
Bestuhlungsarten:
Boden
Toiletten:

Küche / Backbereich:
Größe
Raumanzahl:
Küchenabnahme:
Entfernung Gastbereich:
Geräte / Kühlgeräte:
Stromanschlüsse:
Stromkreise:
Waschbecken / fließend Wasser:
Boden
Wände:
Mobiliar / Equipment vorhanden:
Rauch- & Feuermelder:

Getränkeausgabe:
Größe:
Nähe Gastbereich:
Getränke über Location:
Zapfanlage:
Kühlvorichtungen:
Wasseranschluss:
Anschlüsse:
Wände:
Boden
Abfluss

Lagerräume:
Größe:
Nähe Getränkeausgabe:
Nähe Küche:
Nähe Gastbereich:
Umkleiden / Personalräume:
Personal WC's:
Außenfläche für Logistik:
Zelt möglich:
Boden
Wände:
Regale

Abb. 10.2 Checkliste für die Event-Location

Eventcatering	Erfahrungswert-Tabelle Getränkekonsum	

Kalkulationsmenge Getränke für Angebot (Person x Glasanzahl /Glas pro Flasche)

3 Gänge Menu mit Aperitif
- je Zusatzgang ca. 10 % mehr Getränke kalkulieren
- Bestellungen immer 30% mehr einplanen

		50 pax	100 pax	200 pax	500 pax	800 pax	1000 pax
Welcome Cocktail/Ehrlich Säfte	0,2l/1,00l	0,6	0,6	0,6	0,6	0,6	0,6
Sekt/Prosecco	0,75l	1,2	1,2	1,2	1,2	1,2	1,2
Weißwein	0,75l	1,25	1,25	1,25	1,25	1,25	1,25
Rotwein	0,75l	1,25	1,25	1,25	1,25	1,25	1,25
Helles	0,33l	0,4	0,4	0,4	0,4	0,4	0,4
Weißbier	0,33l	0,2	0,2	0,2	0,2	0,2	0,2
Gerolsteiner Medium (min. 1 Fl./Gast)	0,75l	5	5	5	5	5	5
Gerolsteiner Naturell	0,75l	0,1	0,1	0,1	0,1	0,1	0,1
Orangen- und Apfelsaft	1,00l	0,4	0,4	0,4	0,4	0,4	0,4
Coca Cola / Coca Cola light	1,00l	0,1	0,1	0,1	0,1	0,1	0,1
Liter pro Gast		**1,7l**	**1,7l**	**1,7l**	**1,7l**	**1,7l**	**1,7l**
Gesamtglasanzahl pro Gast		**10,5**	**10,5**	**10,5**	**10,5**	**10,5**	**10,5**

- Ab 300 Personen immer Fassbier mit Zapfanlage einplanen
- Bei Hitze ca. 20 % mehr Wasser und Bier einplanen
- Bei asiatischen Gästen ein höherer Anteil an stillem Wasser
- Bei amerikanischen Gästen ein höherer Anteil an stillem Wasser und zusätzlich Eiswürfel und Glaskrüge

Kalkulationsmenge Getränke für Angebot (Person x Glasanzahl /Glas pro Flasche)

Buffet, Flying Buffet und Snackempfang
- Für Bestellungen immer 30% mehr einplanen

		50 pax	100 pax	200 pax	500 pax	800 pax	1000 pax
Welcome Cocktail/Ehrlich Säfte	0,2l/1,00l	0,5	0,5	0,5	0,5	0,5	0,5
Sekt/Prosecco	0,75l	1,5	1,5	1,5	1,5	1,5	1,5
Weißwein	0,75l	1,1	1,1	1,1	1,1	1,1	1,1
Rotwein	0,75l	1,1	1,1	1,1	1,1	1,1	1,1
Helles	0,33l	0,3	0,3	0,3	0,3	0,3	0,3
Weißbier	0,33l	0,1	0,1	0,1	0,1	0,1	0,1
Gerolsteiner Medium (mind. 1 Fl./Gast)	0,75l	4	4	4	4	4	4
Gerolsteiner Naturell	0,75l	0,2	0,2	0,2	0,2	0,2	0,2
Orangen- und Apfelsaft	1,00l	0,6	0,6	0,6	0,6	0,6	0,6
Coca Cola / Coca Cola light	1,00l	0,2	0,2	0,2	0,2	0,2	0,2
Liter pro Gast		**1,75l**	**1,75l**	**1,75l**	**1,75l**	**1,75l**	**1,75l**
Gesamtglasanzahl pro Gast		**9,6**	**9,6**	**9,6**	**9,6**	**9,6**	**9,6**

- Ab 300 Personen immer Fassbier mit Zapfanlage einplanen
- Bei Hitze ca. 20 % mehr Wasser und Bier einplanen
- Bei asiatischen Gästen ein höherer Anteil an stillem Wasser
- Bei amerikanischen Gästen ein höherer Anteil an stillem Wasser und zusätzlich Eiswürfel und Glaskrüge

Kalkulationsgrundlage:
„Wie viele Gläser bekomme ich aus einer Flasche?"

	Fl.	Glas
Ehrlich Säfte/Smoothies	1,00l	5,5
Sekt/Prosecco	0,75l	6
Weißwein	0,75l	5
Rotwein	0,75l	5
Helles	1,00l	3
Weißbier	1,00l	3
Gerolsteiner Medium (mind. 1 Fl./Gast)	0,75l	4
Gerolsteiner Naturell	0,75l	4
Orangen- und Apfelsaft	1,00l	5,5
Coca Cola / Coca Cola light	1,00l	5,5
Fruchtansatz: 1 Liter pro 70 Personen	1,00l	
Kaffee: 75% aller Gäste trinken Kaffee, davon 65% Espresso und 35% Kaffee, und Cappuccino		

Abb. 10.3   Erfahrungswert-Tabelle für den Getränkekonsum

Stromplan					
Veranstaltung:					
Datum:					
Location:					
Ort:					
Gerätebezeichnung	Benötigte Menge	Amper	KW	KW Gesamt	Anschluss
Küchenbereich & Rücklauf					
Convectomat 6/1 16 A	0	16A	8,50	0,00	CEE
Convectomat 10/1 32A	0	32A	17,30	0,00	CEE
Kombidämpfer 10/1 32A	0	32A	17,00	0,00	CEE
Hockerkocher 220V	0	16A	3,50	0,00	Schuko
Ind.platte sw flach	0	16A	1,80	0,00	Schuko
Wärmewagen 20 1/1 Blanco	0	16A	0,80	0,00	CEE
Tellerwärmer Blanco	0	16A	1,80	0,00	Schuko
Gefrierruhe 220V	0	16A	0,80	0,00	Schuko
Beleuchtung	0	16 A	0,20	0,00	Schuko
Backup	0	16 A	1,00	0,00	Schuko
Backup	0	16 A	1,00	0,00	Schuko
Backup	0	16 A	1,00	0,00	Schuko
Backup	0	16 A	1,00	0,00	Schuko
Backup	0	16 A	1,00	0,00	Schuko
Gesamtanforderung				0,00	
Buffet					
Wärmelampen	0	16 A	0,25	0,00	Schuko
Tellerwärmer Blanco	0	16A	1,80	0,00	Schuko
Heizplatte Chafing	0	16 A	2,00	0,00	Schuko
Backup	0	16 A	1,00	0,00	Schuko
Backup	0	16 A	1,00	0,00	Schuko
Backup	0	16 A	1,00	0,00	Schuko
Backup	0	16 A	1,00	0,00	Schuko
Gesamtanforderung				0,00	
Buffet					
Wärmelampen	0	16 A	0,25	0,00	Schuko
Tellerwärmer Blanco	0	16A	1,80	0,00	Schuko
Heizplatte Chafing	0	16 A	2,00	0,00	Schuko
Backup	0	16 A	1,00	0,00	Schuko
Backup	0	16 A	1,00	0,00	Schuko
Backup	0	16 A	1,00	0,00	Schuko
Backup	0	16 A	1,00	0,00	Schuko
Gesamtanforderung				0,00	
Getränkeausgabe					
Kühltruhe 220V PM	0	16A	0,20	0,00	Schuko
Kaffeemaschine Jura X9	0	16A	3,00	0,00	Schuko
Kaffeemaschine Spirit	0	16A	2,50	0,00	Schuko
Backup	0	16 A	1,00	0,00	Schuko
Backup	0	16 A	2,00	0,00	Schuko
Gesamtanforderung				0,00	
Barbereich II					
Glastürkühlschr 350l	0	16A	3,00	0,00	Schuko
Zapfanlage 1-leitig	0	16A	0,80	0,00	Schuko
Zapfanlage 2-leitig	0	16A	1,00	0,00	Schuko
Kaffeemaschine Jura X9	0	16 A	3,00	0,00	Schuko
Backup	0	16 A	4,00	0,00	Schuko
Backup	0	16 A	4,00	0,00	Schuko
Gesamtanforderung				0,00	

Bitte inkl. Unterverteilung! DANKE

Gesamtanforderung Veranstaltung	0,00

Abb. 10.4   Kalkulation des Strombedarfs

Was Sie aus diesem *essential* mitnehmen können

Event-Catering ist ein wesentlicher Faktor für den Erfolg von Veranstaltungen; es wird zur Akzentuierung dramaturgischer Aspekte genutzt und kann für sich allein gestaltgebendes Merkmal sein.

Nur ein ganzheitliches Verständnis für Event-Catering schafft die Grundlage für einen wertigen und gelungenen Einsatz. Hierzu zählen unter anderem die organisatorische Perspektive (mit Projektmanagement und Logistik) sowie die inhaltlich-qualitative Betrachtung (mit einem Bezug zu den Veranstaltungs-Zielen und der entsprechenden Berücksichtigung in der Gesamt-Dramaturgie).

Es zeigt sich damit auch eine chronologische Verortung bei der Planung von Events: frühzeitig und im Dialog mit Experten!

Mehr und mehr wird das Catering zur Aktivierung von Teilnehmern genutzt; nicht alleine in Bezug auf eine nachhaltige Wirkung und Erinnerung, sondern auch zur Strukturierung kollaborativer, partizipativer Formate.

© Springer Fachmedien Wiesbaden GmbH, ein Teil von Springer Nature 2019 41
F. Hettler und S. Luppold, *Event-Catering in der Live Communication,*
essentials, https://doi.org/10.1007/978-3-658-27200-5

Literatur

Bauer, T. (2017). Projektmanagement für Kongresse. In C. Bühnert & S. Luppold (Hrsg.), *Praxishandbuch Kongress-, Tagungs- und Konferenzmanagement* (S. 537–566). Wiesbaden: Springer Gabler.

Bühnert, C. (2013). Veranstaltungsformat. In M. Dinkel, S. Luppold, & C. Schröer (Hrsg.), *Handbuch Messe-, Kongress- und Eventmanagement* (S. 199–212). Sternenfels: Verlag Wissenschaft und Praxis.

Graf, M., & Luppold, S. (2018). *Event-Regie: Der spannende Weg vom ersten Konzept zur finalen Show – eine 360-Grad-Betrachtung der Live-Inszenierung.* Wiesbaden: Springer Gabler.

Haag, P. (2017). Risikomanagement im Kongress-, Tagungs- und Konferenzmanagement. In C. Bühnert & S. Luppold (Hrsg.), *Praxishandbuch Kongress-, Tagungs- und Konferenzmanagement* (S. 253–278). Wiesbaden: Springer Gabler.

Leber, M. (2013). Musterversammlungsstättenverordnung. In M. Dinkel, S. Luppold, & C. Schröer (Hrsg.), *Handbuch Messe-, Kongress- und Eventmanagement* (S. 168–170). Sternenfels: Verlag Wissenschaft und Praxis.

Luppold, S. (2013). *Event.* In M. Dinkel, S. Luppold, & C. Schröer (Hrsg.), *Handbuch Messe-, Kongress- und Eventmanagement* (S. 70–72). Sternenfels: Verlag Wissenschaft und Praxis.

Moroff, M., & Luppold, S. (2017). *Sichere Events.* Wiesbaden: Springer Gabler.

o. V. (2019). VStättVO der Länder. https://www.versammlungsstaette.de/versammlungsstaettenverordnungen/ Zugegriffen: 6. Juni 2019.

Pommereau, C. (2013). *Catering.* In M. Dinkel, S. Luppold, & C. Schröer (Hrsg.), *Handbuch Messe-, Kongress- und Eventmanagement* (S. 42–45). Sternenfels: Verlag Wissenschaft und Praxis.

© Springer Fachmedien Wiesbaden GmbH, ein Teil von Springer Nature 2019

F. Hettler und S. Luppold, *Event-Catering in der Live Communication,*
essentials, https://doi.org/10.1007/978-3-658-27200-5